Yannick Crémer

Libre… et bien emmerdé

Petit traité de philosophie
à l'usage du millennial

« L'homme est né libre et partout il est dans les fers. »

Jean-Jacques Rousseau

Sommaire

Introduction
Pourquoi ce livre

J'ai dû toucher le fond pour pouvoir rebondir. L'image est simple, mais tellement vraie.

C'est souvent arrivé à un tel point d'étouffement que le feu sacré n'a d'autre choix que de se rallumer. En tout cas, ce fut mon cas. Epuisé alors que, concrètement, je ne manquais de rien (du moins, c'est ce qu'on me disait : « Que te faut-il de plus ? », « Reprends-toi ! »), je me sentais désarmé, incapable d'avancer. Et pourtant, bien incapable aussi de mettre le doigt sur ce qui me manquait, et donc de donner de bonnes raisons à mon mal-être.

Cette sensation détestable de « tout avoir », de « tout pouvoir », mais d'être bloqué, au plus mal. Au bout d'un moment, je n'en pouvais plus et j'ai eu besoin de comprendre. C'est alors que je me suis remis à lire et à creuser, et creuser... jusqu'à la naissance de cette chaine Youtube et puis à l'écriture de ce livre.

Il m'a fallu décortiquer le monde et la psychologie humaine pour comprendre pourquoi la vie moderne me fatiguait tant alors que, en soi, jamais nous n'avions connu un tel confort, une telle quantité de divertissement, une telle liberté de consommer. Le modèle qu'on m'avait vendu comme le sommet de l'évolution, la liberté absolue, ne me rendait pas heureux et, tiens donc, mes contemporains non plus.

Mais qu'est-ce que la liberté ? Si désirée. Si fantasmée. Si difficile à conquérir. Si compliquée à assumer. Elle qui permet tout, mais pousse les plus braves dans les bras des plus fous. Je l'avais toujours voulue, j'y ai goûté, je m'y suis perdu. Elle sera le fil rouge de cet ouvrage.

Aujourd'hui, je me décide à raconter ce cheminement par écrit, sous la forme d'un petit « traité de philosophie », dont j'aurais voulu qu'il soit à l'image d'un Tao ou des Pensées de Marc Aurèle. Dans leur ombre, certes, mais aussi à leur lumière.

J'ai décidé de construire mon raisonnement en trois parties, trois étapes qui s'enchainent.

Je commencerai par faire le constat de l'état d'esprit de ma génération : les millennials, autrement dit, les vingtenaires et trentenaires du monde occidental. Il s'agira de comprendre pourquoi nous sommes si déprimés alors qu'en soi, nous vivons à une des époques les plus paisibles et confortables de l'histoire de l'humanité. Une époque qui nous offre beaucoup de choix et de possibilités d'auto-réalisation et qui, pourtant, ne parvient pas à nous rendre heureux. Le tableau est sombre, mais indispensable pour comprendre le monde actuel et ses paradoxes, et pour pouvoir les dépasser.

Une fois ce tableau dressé, je m'aventurerai dans les tréfonds de notre psychologie pour montrer à quel point nous sommes spécialistes dans l'art de nous mentir à nous-mêmes et de nous rendre malheureux par notre simple imagination. A quel point, aussi, nous pensons savoir nous diriger et appréhender la liberté, mais retombons sans cesse dans les mêmes travers. Si la première partie servait à décrypter notre environnement pour ne pas en être l'esclave, il s'agira ici de comprendre comment nous nous enchainons nous-mêmes car, bien souvent, nous sommes nos plus grands bourreaux.

Faire face à nos propres contradictions nous oblige à arrêter de nier. Et quand on ne peut plus nier, on est forcé de changer.

Enfin, une fois que nous aurons déposé ces bagages, nous profiterons de ce terrain vierge, frais et fertile (notre esprit) pour discuter certaines idées clefs qui m'ont particulièrement marqué, permis de mieux vivre et de toucher du doigt une véritable liberté.

Je vais donc tenter de mettre des mots sur des maux, de décrypter cette situation critique dans laquelle se trouve (ou pense se trouver) ma génération, et lancer quelques bouteilles à la mer quant à la vraie liberté.

Evidemment, chacun a ses raisons propres de se sentir mal et je suis incapable de m'arrêter sur chaque cas individuel. Chacun a ses traumatismes, ses blessures, c'est pourquoi je me limiterai ici à parler de ce qui, à mon avis, nous concerne et nous touche tous, d'une manière ou d'une autre. Parce que plus j'avance, plus je crois comprendre que beaucoup de maux sont communs à tous les humains et à toutes les époques.

Et, au fait, sachez que si vous vous sentez mal, ce n'est pas forcément mauvais signe : ça peut vouloir dire que vous êtes encore un peu humains. C'est la première chose que j'ai comprise et qui m'a permis de souffler un peu, d'arrêter de suffoquer. Comme dirait l'autre, « ce n'est pas un signe de bonne santé mentale, que d'être bien adapté à une société malade ».

Partie I

Pourquoi nous sommes si déprimés, alors que nous avons « tout »

1. Richesse matérielle, misère spirituelle

Donc. Pourquoi sommes-nous si déprimés, si désabusés, alors que nous semblons ne manquer de rien ?

Bonne question. Il faudrait commencer par disserter sur ce que signifie « avoir tout ».

C'est vrai qu'en pratique, en Occident, on a (presque) tous un toit, un smartphone avec internet ultra-rapide, un catalogue de séries infini et personne ne meurt de faim. Au regard de l'Histoire, on vit une parenthèse exceptionnelle. Jamais on a été aussi comblés sur le plan matériel.

Pourtant, c'est chez nous, en Occident, où on ne manque de rien, qu'on se suicide le plus. Comme quoi, les écrans plats et l'abondance de divertissement ne seraient peut-être pas exactement l'apothéose de l'épanouissement humain. Qui l'eût cru ?

En fait, on pourrait dire que notre développement matériel s'est accompagné d'un appauvrissement intérieur au moins aussi grand.

Depuis la fin de la seconde guerre mondiale, nos conditions de vie n'ont fait que s'améliorer. L'absence de grande misère a paradoxalement défait les liens communautaires car, en l'absence de crise majeure, le groupe et l'entraide perdent de leur intérêt. Les communautés (famille, église, cercles en tout genre) se sont effritées et les individus se sont doucement émancipés, isolés.

J'en ai moi-même fait les frais : très jeune déjà, à l'école primaire, je choisissais les jeux vidéo, seul chez moi, contre les sorties avec les copains. Et, déjà à l'époque, j'en souffrais, sans comprendre pourquoi.

La société des loisirs nous gave de plaisirs immédiats, de gratification instantanée.

Je me rappelle, j'étais alors un pré-ado, rarement satisfait de ce que j'avais. Mes parents ne se privaient pas de me le faire remarquer. Forcément, je me sentais bête, mais surtout désemparé : j'en avais jamais assez ! Nouveau jeu vidéo, nouvelle paire de rollers, ... il m'en fallait toujours un autre et, si on ne cédait heureusement pas à tous mes caprices, il faut bien dire que c'était épuisant, pour moi comme pour eux.

Avec le temps, j'ai compris que j'étais submergé de publicités, à la télé, dans les magazines, sur internet, qui, chaque jour, me vendaient tel nouvel objet comme le Saint Graal. Faisant passer celui que je venais d'acheter pour déjà dépassé. Comment un enfant de 10 ans peut-il résister à un tel assaut marketing ? Impossible.

Mais le problème profond que ça crée, c'est l'impression qu'il n'y a que ça qui compte, pour atteindre le bonheur : consommer. Toujours plus. Tu consommes mais tu es malheureux ? Tu n'as rien compris, mon ami ! Consomme plus, tu verras, ça ira mieux !

Et si la satisfaction toujours plus rapide de nos désirs nous aliénait, plutôt que de nous élever ?

Du pain et des jeux

Dans la majorité des religions et des philosophies (toutes celles que je connais, en fait), la liberté a toujours été vue comme le fait de résister à nos pulsions et désirs. Pas d'y céder. C'est un curieux revirement, que de retourner l'équation. C'est très vendeur, de nous faire croire que consommer librement fait de nous des êtres libres. En réalité, nous avons banalisé le fait d'être esclaves de nos pulsions et de nos désirs.

Le marché et le monde du travail nous font la leçon et nous culpabilisent en nous expliquant que nous n'avons pas de quoi nous plaindre « parce que nous n'avons jamais travaillé aussi peu qu'aujourd'hui » (ce qui est un sophisme complet) mais parce qu'en plus, nous avons tout le divertissement nécessaire pour nous détendre après le travail. Ca me fait penser à la fameuse expression « Du pain et des jeux », formulée dans la Rome antique : divertissons le peuple pour qu'il en oublie sa condition.

Il y a 2000 ans, le poète romain Juvénal écrivait :

Panem et circenses

Du pain et des jeux
et le peuple sera content,
il suivra aveuglément
les lois des seigneurs dieux.

Le peuple est-il content ?
Assurément,
il ne montre pas ses dents,
il aurait honte,
elles sont pourries.

Du pain il en a partout,
sous toutes ses formes,
pour tous les goûts.

Souvent même, il n'est plus à ses goûts
et il faut en faire des cendres
qui rempliront les déserts
au lieu de les nourrir.

Si le contexte politique était bien différent à l'époque, puisque les empereurs romains pouvaient se faire déloger à tout moment et avaient donc intérêt à s'attirer toute la bienveillance du peuple, l'idée que le divertissement permet de détourner notre attention des problématiques et sujets importants était déjà bien présente.

Cela me permet de souligner une première fois que les maux humains ne changent pas beaucoup avec le temps. Ils sont cycliques, comme l'Histoire, comme beaucoup de choses. On pense toujours réinventer la roue, mais l'Histoire se répète, inlassablement.

Ce qui peut nous inquiéter, mais aussi nous apaiser quant à nos peurs irrationnelles sur une fin du monde imminente très fantasmée… mais j'y reviendrai.

Misère spirituelle, donc. Car nous sommes de plus en plus seuls. Isolés, avec notre smartphone dernier cri et nos dix mille séries, nous n'avons pas beaucoup d'intérêt ni d'obligation de participer à la vie collective.

Individualisme et totalitarisme

Comme le sociologue américain Robert Putnam l'écrivait en 2000 dans son livre *Bowling alone*, depuis 1970 aux Etats-Unis, il y a de plus en plus de joueurs de bowling, mais de moins en moins de ligues. Les gens jouent de plus en plus seuls. C'est ce qu'il appelait l'effondrement du capital social (le lien de confiance entre les individus), dont une des causes est, selon lui, la prolifération de la télévision, qui permet aux gens d'avoir une illusion de compagnie, tout en étant seuls. Ne parlons même pas de l'omniprésence des écrans que nous connaissons actuellement.

Putnam mettait par ailleurs en lumière une idée intéressante sur le risque de totalitarisme dans une société d'individus isolés : si nous ne comptons plus les uns sur les autres, nous tendons à devenir méfiants les uns envers les autres. La communauté s'affaiblissant, la confiance entre les gens finit par s'amenuiser et nous recourons alors à des moyens extérieurs pour nous rassurer et se charger de notre sécurité.

Ainsi, nous tendons à nous référer de plus en plus à la loi et à l'Etat pour accomplir ce que nous accomplissions traditionnellement via des moyens communautaires. Et de fait, il semble que nous avancions de plus en plus vers un modèle où nous laissons volontairement notre vie privée être surveillée par des entités extérieures (publiques, comme l'Etat, ou privées, comme les GAFAM). Nous déplorons ce contrôle et cette invasion, mais ne pouvons nous en passer, dès lors que le groupe n'existe plus et que nous n'avons plus confiance en nos propres voisins de palier. Sans dire que tout cela serait une volonté de contrôle de la part de l'Etat ou des grandes entreprises privées, c'est un fait qui s'inscrit dans une évolution progressive des choses.

C'est une idée déjà théorisée un demi-siècle plus tôt par Hannah Arendt, qui s'était spécialisée dans l'étude des totalitarismes et qui expliquait qu'une société fragmentée et atomisée était le terreau fertile du totalitarisme. Certes, au 20e siècle, les régimes totalitaires (nazisme, communisme) furent dévastateurs et il ne s'agit pas de dire que nous courons les mêmes risques avec nos Etats actuels et les grandes entreprises privées… du moins, tant qu'ils ne sont pas animés d'intentions hostiles.

Mais Putnam montre aussi que cet individualisme avait déjà atteint des sommets au début du 20e siècle, pour s'inverser doucement et arriver à un pic de « solidarité » en 1970, avant de décliner à nouveau.

Cela montre encore une fois que les choses sont cycliques et, surtout, pas irréversibles.

Et l'individualisme auquel nous assistons n'est pas né hier : il est le résultat d'un long processus qui remonte au moins à la fin de la Renaissance, qui a vu l'Europe se concentrer sur l'individu et la responsabilité individuelle. Plus tard, à la fin du 18e siècle, la révolution industrielle a fait migrer les gens des communautés rurales vers les villes. L'auteur anglais Charles Dickens, dans son livre *Oliver Twist*, notamment, parlait déjà beaucoup de la violence de la solitude dans les villes.

Et au début du 19e siècle, Alexis De Tocqueville, philosophe et homme politique français, constatait que la démocratie favorisait l'émergence d'un individu émancipé de ses attaches traditionnelles, par opposition aux sociétés aristocratiques telles que l'Ancien Régime, où les individus étaient liés entre eux, du paysan au roi. Tocqueville parlait déjà de repli sur la sphère privée. Disons que tout cela n'a fait que s'exacerber par la modernisation du monde et, avec elle, la société de consommation (qui d'ailleurs, ne se limite pas à la marchandise, mais s'étend aux relations amoureuses et aux voyages, par exemple).

Bref. A force de consommer, nous avons oublié que cela ne comble qu'une partie infime des besoins humains : comme le dit le proverbe, l'Homme ne vit pas que de pain. Nous avons pris la partie pour le tout et nous étonnons d'aller mal.

Sans idéaliser le passé, rappelons-nous simplement que, de Juvénal à Hannah Arendt, en passant par Toqueville et La Boétie (dans son *Discours de la servitude volontaire*, petite brochure explosive dont je vous recommande chaudement la lecture), on nous a mis en garde contre l'excès de divertissement, qui peut devenir un poison, un facteur d'amollissement de notre volonté et... d'abandon de notre liberté.

2. La difficulté de trouver de l'espoir dans un monde qui va bien

Si, comme on vient de le voir, une société qui prospère économiquement a tendance à voir ses individus s'isoler, il y a aussi un autre paradoxe qui tue : mieux le monde va, plus nous avons du mal à y trouver de l'espoir.

J'ai découvert ce paradoxe en lisant l'auteur américain Mark Manson, qui expliquait qu'après avoir vendu 10 millions d'exemplaires de son livre *L'art subtil de s'en foutre*, il était tombé en dépression. Et que ses proches ne comprenaient pas (sans parler de la jalousie envers le type qui se plaint alors qu'il vient de toucher le jackpot). Quel culot ! Encore un sale gosse.

Mais ça s'explique très bien, et ça explique aussi pourquoi « les millennials font la gueule », enfin, pourquoi nous sommes déprimés alors qu'objectivement, nous vivons dans une société relativement paisible et riche, au regard de l'Histoire.

En fait, c'est le syndrome du sportif qui, à 26 ans, décroche la médaille d'or. C'est génial. Pendant deux jours. Parce qu'après, il se demande : « Et maintenant ? Quel est mon prochain objectif ? ». Quand tu es au sommet de la montagne, tu ne peux que redescendre. Et quand tu atteins ce sommet avant 30 ans, autant dire que ça pique. C'est la panique. C'est ce qui est arrivé à Mark Manson. Un tel succès ne se reproduirait jamais, et il le savait. D'où la dépression. Pareil pour le tennisman André Agassi, qui raconte dans sa biographie qu'après avoir réalisé son rêve (être numéro 1 mondial), il a commencé à se droguer, car il ne savait plus quoi espérer.

Comme dirait notre Jean-Claude Van Damme national, « Le paradis c'est bien, mais après tu t'emmerdes ».

Eh bien, pour les millennials du monde occidental, c'est la même : le 20e siècle marque l'apogée. Nous (les Occidentaux) avons dominé le monde pendant des siècles et sentons que nous arrivons à la fin d'un cycle. Il faut être aveugle ou de mauvaise foi pour le nier : les pays européens pèsent beaucoup moins qu'avant face aux pays émergents. Et à tous les niveaux : culture, économie, démographie, politique... On peut le déplorer ou s'en réjouir, mais c'est un fait. De plus, nous sommes la première génération de l'époque moderne à avoir l'impression qu'elle vivra moins bien que ses parents.

Et c'est précisément cette idée qui nous empêche d'avoir espoir en demain, qui nous ôte l'envie de vivre. Que peut-on espérer, quand tout va bien mais que nous savons que nous ne pouvons que décliner ?

De fait, pour avoir foi en l'avenir, il faut avoir l'espoir que demain sera meilleur qu'aujourd'hui. Or, consciemment ou non, nous ressentons que demain ne peut qu'être pire (une idée qu'exploitent d'ailleurs les médias de façon très malsaine, comme je l'expliquerai plus tard).

Et dans cette logique, paradoxalement, il est parfois plus « facile » de trouver de l'espoir en pleine guerre, dans les ruines, qu'allongé confortablement sur notre canapé. Quand tout va mal, tout ne peut qu'aller mieux. Quand tout va bien, par contre… Je sais, c'est dur à accepter et c'est moralement inavouable. Mais si on ne peut pas le dire, on ne peut rien comprendre.

Je me rappelle d'ailleurs mon grand-père et son regard sévère, ne comprenant pas ce qui clochait chez cette génération d'enfants gâtés qui se plaignent de ne jamais avoir assez. Je l'entends encore : « une bonne guerre règlerait tout ça ! ». Ah c'est sûr, quand t'es sur le champ de bataille, t'as plus le temps de déprimer. C'est pas très pédagogique, mais c'est efficace.

Voilà une cause profonde du mal-être de ma génération. Pas mon grand-père. Mais la difficulté à trouver de l'espoir dans un monde qui va bien, aussi difficile que ce soit à accepter.

Cela dit, un déclin lent et relatif n'équivaut pas à la fin des temps. Il faut modérer cette vision apocalyptique, qui est largement nourrie et entretenue par les médias, qui réalisent des audiences record en nous faisant croire que le monde est à feu et à sang et que la fin est imminente, ce qui nous enferme dans une prison mentale de désespoir total.

3. Demain, l'apocalypse ?

Durant mes études de communication, j'avais comme devoir de lire 3 journaux par jour et de suivre un journal télévisé. Autant dire que ça a fait de moi un autre homme, à l'époque. Et pas en bien.

Les médias nous gavent toute la journée : décompte de morts en direct pendant la pandémie de Covid, détails sordides des pires faits divers, guerre en Ukraine... Et le pire, c'est qu'ils le font parce qu'ils savent que c'est ce qu'on veut.

Allez, avouez-le. Quand vous passez à côté d'un gros accident, vraiment, le bel accident, ça vous fait frissonner. Et vous ne savez pas trop quoi en penser. Mais vous ne pouvez pas vous empêcher de regarder. Au fond, ça vous terrifie et en même temps, vous aimez. On est tous pareils hein, pas de panique.

Ca nous excite. Je sais, c'est pas très glorieux, mais c'est comme ça.

Et cet attrait pour les mauvaises nouvelles s'explique simplement par notre évolution.

Pourquoi nous aimons les mauvaises nouvelles

En fait, la peur est un mécanisme utile à notre survie. On en a besoin. Selon la théorie de l'évolution de Charles Darwin, tout ce qui favorise la survie et la reproduction de l'espèce est renforcé et transmis d'une génération à l'autre. Avoir peur nous a permis de nous protéger et de survivre pendant des millénaires, durant lesquels le monde était extrêmement hostile à l'Homme, et cette compétence cruciale a été transmise, comme notre patrimoine génétique. On a donc développé une hyper sensibilité à la peur et aux informations menaçantes, car c'était une question de vie ou de mort pendant quasi toute l'histoire de l'humanité.

Et de ce fait, notre cerveau, programmé avant tout pour la survie par ces millénaires d'évolution, nous guide donc naturellement vers les mauvaises nouvelles. C'est ce qu'on appelle le « biais de négativité ».

Dans les années 70, le sociologue des médias canadien Marshall McLuhan a même formulé la phrase « Good news is no news » (ce qu'on pourrait traduire par « Une bonne nouvelle, ce n'est pas de l'info ») pour souligner à quel point nous n'accordons pas d'importance aux bonnes nouvelles, de par ce que je viens de décrire. Ca explique notamment pourquoi des présentateurs comme feu Jean-Pierre

Pernaut, qui parlent de ce qui va bien, sont toujours tournés en dérision.

Le problème étant que les médias ont bien conscience de ce biais de négativité et nous abreuvent donc de mauvaises nouvelles, ce qui nous rend complètement scotchés à la télé et paranoïaques par rapport à l'avenir, vu comme une série d'accidents et un chaos infernal. Une véritable arme de destruction massive du moral des gens. Et alors, sur des individus isolés et potentiellement dépressifs… autant dire que c'est explosif.

J'aimerais vraiment insister sur ce point crucial : notre conviction que l'apocalypse est à nos portes.

L'histoire du monde est une histoire de hauts et de bas, de civilisations qui prospèrent, puis déclinent. Mais tout ne change pas du tout au tout, du jour au lendemain, ni même d'une décennie à l'autre, et les civilisations ne meurent pas, elles se transforment.

La chute de Rome : fantasme ou réalité ?

Par exemple, on fantasme toujours sur la « chute de Rome ». J'ai moi-même longtemps imaginé que « Rome était tombée en 10 jours », ou quelque chose du genre. Et j'en étais convaincu. Sans comprendre de quoi je parlais (la ville de Rome ? L'Empire romain ?), ni de quelle époque on parlait vraiment. Simplement, le récit me plaisait : c'était clair, simple. Rome était tombée, comme notre civilisation actuelle était sur le point de le faire. Ce genre de conception permet de voir le monde de façon manichéenne, en termes de bien et de mal, de bons et de méchants, elle permet de trouver des boucs émissaires et de se dédouaner de toute responsabilité. C'est une analyse simpliste qui permet de ne pas trop faire d'efforts intellectuels. Recourir à ces clichés et à ces sur-simplifications n'incite pas à penser par soi-même. J'ai longtemps été un grand assisté de la pensée. Mais j'y reviendrai.

Bref. Donc. Rome. C'est quoi, Rome ? (Rassurez-vous, je la fais courte, mais j'y tiens)

L'histoire de Rome commence en 753 avant J.-C. et la date traditionnellement retenue pour la fin de l'Empire romain d'Occident est la prise de Rome en 476 (après la mort du même personnage) par les « Barbares » (l'Empire romain d'Orient, lui, a survécu plus longtemps). Cela fait donc plus d'un millénaire avec des alternances d'expansion et de déclin, de triomphes et de revers.

L'historien anglais Edward Gibbon a écrit sur l'ensemble de cette période, dans son livre *Histoire du déclin et de la chute de l'Empire romain d'Occident*.

Gibbon raconte, siècle après siècle, comment les catastrophes se sont enchainées — dirigeants despotiques, invasions barbares, corruption, pestes dévastatrices, crises économiques, ... jusqu'à la chute de Constantinople (capitale de l'Empire romain d'Orient, ayant succédé à Rome à ce titre)... au profit de Venise, qui prit la place de ville la plus importante au monde. Mais pendant ce temps, en arrière-plan, se préparait peut-être la plus fascinante révolution culturelle et intellectuelle de l'histoire européenne : la Renaissance. Et ironie du sort, influencés par la romanophilie de la Renaissance, les peuples du nord, vus comme les pires barbares par les Romains, créèrent plus tard des monuments en hommage à ces mêmes Romains, comme on peut le voir aujourd'hui à Edimbourg, dont la colline centrale est pleine de bâtiments dans le style gréco-romain classique.

« Rome » ne s'est pas effondrée comme un château de cartes. L'Empire romain a décliné tout doucement pour se transformer, pas pour disparaitre. Autour de l'an 0, on parlait déjà de décadence romaine, alors que Rome n'a été conquise qu'en 476… cinq siècles plus tard ! Et en prenant vraiment du recul, on pourrait même dire que l'Occident actuel est la continuité de cet Empire. Il s'est construit sur ses bases, que nous avons perpétuées.

Tout ça pour dire que je nous trouve très enfantins dans notre vision du monde et de l'avenir. Nous croyons à des récits simplistes comme un enfant croit au père Noël, parce que nous avons besoin de réponses simples et que nous ne nous cultivons pas de manière active sur notre histoire.

Certes, et c'est indéniable, la révolution industrielle au 19e siècle et l'emballement de la machine productiviste ont eu un impact dévastateur sur nous-mêmes et sur notre environnement. Mais il s'agit là, ni plus, ni moins, d'une énième crise, à laquelle nous nous adapterons, comme d'habitude, pour trouver un nouvel équilibre.

Ce qui me dérange dans cette vision catastrophiste, c'est qu'elle entraine souvent une complaisance malsaine : « A quoi bon… si… ». Une complaisance qui nous autorise à baisser les bras et à toujours blâmer les autres pour notre malheur.

« C'est la merde » : oui, mais ça l'a toujours été

C'est un peu facile, de ne rien faire sous prétexte que « tout est foutu ».

Qu'auraient pu dire nos ainés lorsqu'ils ont connu les deux grandes guerres et la guerre froide ? Bon sang, ça, ça devait sentir la fin du monde.

Non, tout n'est pas foutu. Ou alors si, mais tout l'a toujours été. Ca a toujours été compliqué. Le monde et la vie ont toujours été une lutte.

Et certes, le fait que l'on soit arrivé à un tel niveau de paix (qui peut être remise en cause à tout moment, d'ailleurs, par exemple par la guerre en Ukraine qui bat son plein au moment où j'écris ce livre) et de confort, biaise notre vision des choses, comme je l'expliquais dans le chapitre sur l'espoir, parce que nous ne voyons que le négatif, la pente descendante.

Mais enlevons un peu le nez du guidon pour voir que nous n'approchons pas de la fin des temps, pas plus qu'à leur époque les Grecs (qui sont toujours là, au fait, dernière nouvelle, pour ceux qui débarqueraient), les

Romains, ou nos grands-parents dans l'enfer de la guerre. Quand on a compris ça, on se libère vraiment de la peur qui nourrit et entretient notre mal-être.

Comme je le disais, pour aller bien, nous avons besoin de croire. Croire que demain sera meilleur. Alors évidemment, comme on l'a vu, si nous sommes seuls, lobotomisés par les médias et le divertissement, c'est compliqué. Mais il y a un autre paramètre crucial qui nous ôte l'espoir de lendemains meilleurs : la difficulté à trouver une forme de spiritualité, de transcendance et d'appartenance à quelque chose qui nous dépasse.

4. La fin de la croyance en Dieu

On a souvent pensé, moi le premier lorsque j'étais obligé d'aller à la messe le dimanche, qu'on serait libres et heureux le jour où tout ça serait terminé. Le plus comique là-dedans, c'est que, aussi athée ou, disons, agnostique, sois-je aujourd'hui, je m'intéresse de plus en plus à la religion (qui est, selon un de mes maitres à penser — le philosophe Alain — « la quintessence de la philosophie »). Sans (re)devenir croyant, je me sens attiré par l'idée d'un dieu, et plus encore par la beauté de tout ce qui a été bâti au nom de la religion catholique, celle dans laquelle j'ai grandi. Je me plais à me promener dans les églises et à admirer les chefs d'oeuvre intemporels, cet héritage de majesté absolue et de valeurs, qui finalement n'ont pas beaucoup changé avec le temps

(Les Droits de l'Homme étant, d'une certaine manière, Les 10 commandements laïcisés).

Bref, tout ça pour dire que, sans être particulièrement croyant (voire pas du tout), je m'extasie devant ce qui a fondé notre civilisation et que nous tendons à balayer d'un revers de la main, comme si les anciens n'avaient rien compris, alors que nous, évidemment, oui. C'est une vision du monde arrogante qui peut être entendue et acceptée chez un adolescent, mais plus difficilement chez un adulte, à mon avis.

Si je parle de religion ici, c'est parce qu'à force de croire que nous pouvions faire sans spiritualité, nous avons oublié que, de tout temps, le désespoir des Hommes était contrecarré par une croyance en quelque chose qui les dépasse. Croire que nous sommes des êtres purement matériels qui n'avons aucun besoin de transcendance est relativement présomptueux. Voire complètement fou.

Dieu est mort

Cette absence de transcendance, notre solitude et notre absorption par les médias catastrophistes nous enferment dans l'idée que plus rien ne vaut le coup… Et un philosophe allemand bien connu avait déjà mis en lumière ce problème au 19e siècle.

Nietzsche appelait cela le « nihilisme » : une volonté de mourir, en réponse au « A quoi bon ? A quoi bon vivre, si c'est pour mourir et qu'il n'y a rien après la mort ? ».

Pour Nietzsche, cette volonté de se laisser mourir venait principalement de la fin de notre croyance en Dieu (il formula d'ailleurs « Dieu est mort », sans s'en réjouir mais en le déplorant, contrairement à la croyance populaire).

Nietzsche était terrifié par cette idée, car il savait combien l'être humain a besoin de croire en quelque chose qui le dépasse, qui le transcende. En une idéologie qui le cadre, le rassure et lui donne foi en l'avenir.

Assistant à la déchristianisation de l'Europe, il craignait que Dieu soit remplacé par autre chose et il ne croyait pas si bien dire… ou plutôt prédire.

En effet, le siècle qui suivra sa mort (celle de Dieu, mais aussi de Nietzsche, accessoirement), sera marqué du sceau des totalitarismes les plus dévastateurs de l'Histoire.

Nietzsche ne s'était pas trompé : à défaut de guide spirituel, les peuples allaient se tourner vers de nouveaux modèles, moins vertueux que Dieu : Staline, Mao et d'autres seraient les dieux du 20e siècle. Avec leurs dizaines de millions de morts et leurs idéologies mortifères, ils prirent la place laissée libre car, de gré ou de force, pour le meilleur et le pire, les peuples ont besoin d'être guidés.

Mais pourquoi Dieu est-il mort ?

C'est vrai que la religion chrétienne proposait un récit particulièrement sympathique et rassurant, en nous expliquant comment nous étions arrivés là (créés par Dieu en une petite semaine), avec un mode d'emploi (la Bible) et aussi un « pourquoi » très fort : l'idée que cette vie nous préparait à la mort et que ce serait encore mieux après... Avec un récit pareil, et quand tu vois la tête des cathédrales construites en son honneur, franchement, il y avait de quoi embrasser le narratif ! Moi, j'aurais acheté aussi.

Et puis... la science est arrivée, nous apportant encore plus d'informations sur le « comment » de notre existence, notre apparition et notre évolution, mais déconstruisant complètement le « pourquoi » nous sommes là, notre raison d'être, et ce, sans donner de nourriture spirituelle en remplacement. Et c'est précisément ce qui a créé une crise du sens.

La science, c'est un peu comme Dieu, mais en moins abouti : un gars qui débarque chez toi en personne, sale et la barbe mal taillée, en te disant qu'en fait il est juste humain et mortel comme toi et qu'il n'y a pas de paradis ni rien, qu'il était juste installé dans un placard à la cave jusque là, qu'en fait c'est lui qui a inventé le scanner, l'ordinateur et plein d'autres technologies, et que lui comme toi allez juste vivre et mourir.

Donc là, tu te dis... D'accord, le gars est brillant. Mais... tout ça pour quoi, du coup, s'il n'y a plus de paradis qui nous attend là-haut ? C'est compliqué à encaisser. Et surtout, ça crée une angoisse existentielle profonde.

Donc à partir de là, c'est un peu la panique. On commence à comprendre que notre existence ne serait effectivement que le produit d'un hasard purement physique et qu'elle n'a aucun sens, puisque nous savons que nous allons mourir et que, probablement, il n'y a rien après, même si on a très fort envie d'y croire.

Quand Nietzsche formule son « Dieu est mort » et parle de nihilisme, on est déjà très engagés sur la voie de la perte de sens.

Cette déchristianisation est toujours en cours et, si les plus optimistes y voyaient un moyen de se libérer, enfin, des chaines d'une autorité religieuse, on peut aujourd'hui se rendre compte de la virulence des mouvements politiques et métapolitiques qui, sans cesse, exploitent un vide existentiel et deviennent, à leur tour, de nouvelles religions, des dogmes, souvent aussi intolérants que ceux qu'ils condamnaient. Sans même parler des sectes et autres formes de spiritualités « alternatives »...

Bien sûr, je ne dis pas que les grandes religions, telles que le catholicisme et l'islam, sont les seuls moyens valables de trouver une forme d'élévation et de spiritualité dans nos vies, mais j'ai parfois l'impression que nous avons tendance à vouloir mettre le feu à tout ce qui nous a précédé, à nous débarrasser de la « tradition » au profit du « progrès », quoi qu'il en coûte. Nous oublions souvent qu'il ne suffit pas de supprimer les contraintes, pour trouver la liberté. Comme l'animal en cage qui a rongé ses barreaux, se retrouve face à la difficulté de devoir, maintenant, se diriger. A chaque contrainte levée, un nouveau prix à payer.

Couplez l'individualisation, le désespoir, le récit médiatique de la fin des temps et l'absence totale de spiritualité, et vous obtenez un cocktail explosif : l'individu moderne, libéré du groupe, recroquevillé sur son être et livré à lui-même : Narcisse. Petit portrait.

5. Narcisse : libre et suicidaire

Erich Fromm, psychanalyste allemand, écrivait dans son livre *La peur de la liberté*, que l'Homme moderne s'était libéré des liens de la communauté, des liens qui le limitaient, mais le rassuraient. En d'autres mots, cette libération lui ouvrait des portes, tant de portes qu'il ne savait plus par où aller, créant chez lui une angoisse terrible. Libéré des normes et des carcans que lui imposaient jadis la religion et la communauté, il se retrouvait avec la lourde tâche de devoir définir lui-même chacun des paramètres de sa vie : sexualité, profession, vie familiale, croyances politiques et spirituelles, lieu de vie, ... Toutes ces choses qui étaient auparavant tranchées pour lui par les institutions. Alors certes, c'est une liberté...

mais qui devient vite une sacrée contrainte. J'y reviendrai juste après.

Christopher Lasch, sociologue américain et auteur de *La culture du narcissisme*, enfonçait le clou en disant que cet Homme moderne s'était non seulement libéré des contraintes du groupe, mais aussi du passé et de l'avenir, glorifiant le moment présent.

Pour Lasch, « Carpe Diem » (« Cueille le jour », en latin, expression souvent utilisée pour expliquer que nous devons profiter de la vie, de l'instant présent), c'est paradoxalement le slogan de l'homme qui ne croit plus en rien. Il ne croit plus au passé (rendu démodé et ringard par le culte du progrès), ni au futur (vu comme une succession de catastrophes, la fin des temps, une angoisse qui n'est plus jamais apaisée par l'espoir d'une vie après la mort).

Pour Lasch, l'individu moderne ne jure que par le moment présent, non par vertu, mais par dépit : il s'y réfugie car il n'a pas le choix. Isolé dans sa bulle par son refus des contraintes, désengagé de toute vie commune, il est absorbé par lui-même, se moquant du passé et n'ayant aucune foi en l'avenir. Il finit par devenir Narcisse, hyper conscient de sa petite personne, isolé, méfiant des autres, dévoré par l'angoisse.

Narcisse est à la fois hyper concerné par lui-même, et désespéré.

Il ne voit pas l'intérêt de faire des enfants, puisque ceux-ci empiéteront sur « sa liberté ». Il ne voit pas non plus l'intérêt de participer à une quelconque communauté, puisqu'il s'est convaincu que, dans ce monde, c'est chacun pour soi et qu'il ne peut faire confiance à personne. Et, puisqu'il ne croit même plus en

Dieu, il se retrouve totalement seul face à lui-même.

Terrifié par l'idée de vieillir, puisqu'il n'y a rien (ni enfants, qu'il ne voit que comme une contrainte à sa liberté, ni paradis, puisque Dieu est mort depuis bien longtemps) pour lui survivre, Narcisse est obsédé par la peur de mourir, mais en permanence à deux doigts du suicide. C'est l'individu névrosé dans toute sa splendeur.

Narcisse, égoïste et égocentré, ne jure que par la liberté. Sa liberté. Mais, là aussi, il tombe dans tous les panneaux. Nous sommes tous de petits Narcisse à notre manière.

A travers cet archétype, Christopher Lasch établit un constat sombre et nous donne une leçon d'humilité. Nous pouvons y trouver, soit une fatalité, soit un véritable espoir : comprendre Narcisse et ses causes, c'est aussi comprendre comment ne pas être Narcisse.

Les causes sont claires, principalement environnementales, extérieures à nous et en voici le résumé :

- l'idée que la liberté se trouve dans la consommation et la jouissance solitaire,

- l'idée que la fin du monde est à nos portes, renforcée par le discours alarmiste des médias,

- l'idée que, sans autorité supérieure, sans transcendance, nous serons enfin libres.

Lorsque nous avons compris que tout cela n'était pas la réalité, nous pouvons commencer à nous libérer des poisons qui nous viennent de l'extérieur, pour nous attaquer à pire encore, ce qui nous limite bien plus que tout facteur externe : nous-mêmes.

Partie II

Humains, trop humains

Nous pensons souvent que nous sommes aujourd'hui arrivés à l'ère de la raison. Que nous ne sommes plus soumis à nos instincts, à nos pulsions primaires, à nos limites et que nous sommes mûrs pour la liberté. En réalité, notre évolution longue de millions d'années a ancré en nous des traits psychologiques qui ne s'effacent pas en 50 ans de progrès technologique. Nous ne sommes pas des pages vierges, de petits êtres formés uniquement par notre éducation et notre culture. C'est bien plus profond que cela. C'est le vieux débat « nature versus nurture » (inné contre acquis) : les psychologues évolutionnistes Steven Pinker et David Buss, pour ne citer que les plus emblématiques, montrent de plus en plus que l'inné joue un grand rôle dans notre façon d'être au monde.

Nous pensons être guidés par la raison, mais il semble que ce soient bel et bien nos émotions qui nous contrôlent.

1. Pourquoi la liberté nous contraint

Un des plus grands paradoxes de l'être humain, je crois, c'est que plus on a de choix, moins on est satisfait. Si tu es dans un rayon de supermarché et que tu dois choisir entre 50 paquets de chips différents, non seulement tu paniques (pour des chips, hein), mais en plus, quand tu en auras choisi un avec bien des difficultés (on parle toujours de chips), tu regretteras amèrement tout ceux auxquels tu auras renoncé (juste des chips, oui). Bon, c'est tous les mêmes, mais dans un emballage différent.

Pareil pour les séries Netflix : c'est le classique « Y a rien sur Netflix ». Tu as cinq mille choix, mais « y a rien ». Tu sais juste que choisir un programme va te faire louper le contenu des 4999 autres. Et ça gâche le visionnage de celui que tu as choisi. C'est dingue, mais on est câblés comme ça.

C'est marrant, parce que je me rappelle mon père en train de me sermonner sur la difficulté de la vie, de la liberté, de faire des choix… tout en me disant qu'il n'avait jamais compris les sermons de son propre père avant d'avoir atteint un certain âge. Mais que pouvait-il faire d'autre, face à une tête de cochon comme la mienne ? Pas grand chose. Essayer, tant bien que mal, d'y faire rentrer quelque chose.

Avec le temps, j'ai compris, non seulement à quel point il avait raison, mais à quel point la liberté était castratrice. C'est bien simple : pour la majorité d'entre nous, si on ne nous dit pas quoi faire, on erre et on se perd.

Ma génération, libérée des contraintes traditionnelles (mariage, famille, communauté, religion, etc), se retrouve enferrée dans l'angoisse d'un choix toujours plus large de possibilités. Relations amoureuses, emplois, lieux de vie, ... plus rien ne nous est vraiment imposé, créant chez nous une angoisse existentielle terrible, qui nous empêche de nous engager, car choisir, c'est renoncer.

C'est ce sentiment de terreur qu'ont apaisé les religions et les idéologies, de tout temps. C'est pour cela que Nietzsche était désemparé face à ce qu'il appela « la mort de Dieu ». C'est pour cela que certaines spiritualités rencontrent un tel engouement : encore une fois, nous avons tous besoin de croire en quelque chose qui nous dépasse et d'appartenir à un groupe, car ces choses nous permettent de nous cadrer, de donner des réponses à des questions qui, sinon, à tourner éternellement dans notre tête, risquent bien de ne jamais en trouver.

Sans faire l'éloge de la contrainte, disons que l'absence de toute contrainte nous perd.

Encore faut-il comprendre ce qu'est la vraie liberté. Mais j'y reviendrai.

2. C'est pas ma faute

Je me rappelle, j'étais alors étudiant en journalisme à l'Université Libre de Bruxelles. En mauvaise santé physique et mentale, passant ma vie dans mon kot d'étudiant, je sortais d'une rupture amoureuse qui m'avait démoli. Huit ans de vie balancés à la poubelle. Je m'étais fait jeter comme une vieille chaussette et, évidemment, j'étais revenu en courant, à genoux, suppliant mon ex de me reprendre. Lui expliquant que je faisais maintenant de la musculation (nous avions rompu trois semaines auparavant) et que je me reprenais donc en main, comme elle pouvait le constater. Pas dupe, pas folle, la guêpe repartit de plus belle.

Quand nous étions ensemble, c'était gagné. Je ne faisais plus le moindre effort pour maintenir ce couple. Franchement, c'était honteux de fainéantise. Et quand elle me lâcha, après avoir lutté pour me faire comprendre ce que je ne voulais pas voir, je me mis à paniquer, à me lamenter, à pleurer sur des cendres que je voulais absolument reconstituer.

En fait, c'est pas compliqué. Jusqu'à mes trente-trois ans, jusqu'à me manger une seconde rupture dans les dents après une nouvelle relation de huit ans, j'ai dû me rendre à l'évidence : j'avais toujours été spectateur de ma vie. Je voulais être autonome mais j'attendais des autres qu'ils fassent les choses à ma place. Je trouvais des excuses à tous mes travers. Je voulais être libre des autres, mais je les blâmais toujours pour mon malheur. J'allais mal, et c'était toujours la faute des autres. Et quand il n'y avait plus d'« autres », j'étais seul et malheureux, parce que finalement, le sort s'acharnait et personne ne voulait de moi.

Si je vous raconte ça, c'est pour vous peindre le portrait de la victime que j'étais à l'époque. Vraiment, j'ai honte. Mais au moins, j'ai appris. Et j'ai compris à quel point cette attitude enfantine est inhérente à la nature humaine.

Le fait est que, depuis tout petit, on est conditionnés à obéir et à ne pas dévier. Dans une certaine mesure, c'est sain. Quand tu as trois ans et demi, c'est normal de te laisser guider. Sinon, c'est l'anarchie. Mais, arrivés à l'âge adulte, on reste bien souvent des bébés, avec ce qu'on appelle un locus externe de contrôle.

Le locus de contrôle, c'est la tendance que les gens ont à considérer que les événements qui les affectent sont le résultat de leurs actions (locus interne) ou, au contraire, le fait de facteurs externes sur lesquels ils n'ont que peu d'influence (locus externe).

Pour faire simple, avoir un locus externe de contrôle, c'est croire que ce qui nous impacte ne vient que de l'extérieur en permanence, et y trouver des excuses à notre malheur.

Vous savez, c'est le type qui va mal à cause de la situation politique (je ne dis pas qu'il n'y a pas de soucis à ce niveau là, mais ce n'est sans doute pas la raison principale de son mal-être). C'est le gars dont la copine l'a quitté il y a 10 ans et qui ne s'en est jamais remis. C'est la personne qui vous parle de lancer ce projet dont elle rêve, mais... ce n'est jamais le bon moment. C'est ce gars qui sort tous les soirs pour trouver l'amour, mais ne le rencontre jamais. C'est moi, qui me dis que je serai plus heureux quand je vivrai à tel endroit (d'ailleurs, je continue souvent d'y croire. C'est tellement agréable, de fantasmer là-dessus).

Tout ça, c'est déléguer le déroulement de notre vie à des facteurs extérieurs. C'est tellement confortable. On n'est responsable de rien. C'est toujours les autres, le problème.

Et en fait, c'est très facile de voir pourquoi on fonctionne comme ça : depuis notre conception, on passe 9 mois dans le ventre de notre mère, puis 18 ans à atteindre une forme adulte, aux crochets de nos parents.

Autant dire qu'à 18 ans, on continue de chercher le sein… Et on peut passer toute notre vie de façon passive, à ne faire qu'assister et subir.

Et on fantasme sur une vie différente, une vie qui ne serait pas entravée par les autres, par notre éducation, par nos parents… On s'enferme dans un scénario où l'on est la victime, où le monde nous en veut et où, finalement… on reste la marionnette de ce qu'on blâme. C'est un cercle vicieux dont nombre d'entre nous ne sortent jamais, parce que pour en sortir, il faut d'abord s'en rendre compte.

Et en majorité, nous vivons notre vie dans l'attente. L'attente que quelque chose se passe, change notre vie, que quelqu'un arrive pour nous sauver. Toujours avec le même besoin inconscient de retrouver le ventre de la mère, le cocon, la vie sans soucis. Et cette recherche permanente de solutions extérieures nous fait tomber dans tous les panneaux, nous enchaine, nous prive de trouver la vraie liberté. On cherche la solution miracle, le tour de magie, la clef qui ouvrira la porte du bonheur. Et évidemment, là, je ne peux pas passer à côté du formidable cas d'école qu'est le développement personnel.

3. Cherche formule magique, désespérément

Aristote disait que le bonheur découlait « des vertus et de la bonne conduite ». Autrement dit, le bonheur serait plutôt un effet, une conséquence, qu'un prérequis. Or, la conception actuelle du bonheur, en plus de le confondre avec la jouissance et l'excitation des sens, le présente comme quelque chose qui devrait être inconditionnel et permanent. C'est beaucoup en demander et, dans ces conditions, on comprend que les gens se sentent incapables d'être heureux. C'est la définition même de ce bonheur, qui en rend l'atteinte impossible. Mais c'est une aubaine pour le développement personnel, qui joue sur cette frustration en nous promettant de pouvoir la supprimer. Et, bien évidemment, on tombe tous dedans.

Notre cerveau est ainsi fait que nous cherchons toujours la facilité. Nous sommes programmés pour éviter la douleur et la souffrance, ou, en d'autres termes, chercher la formule magique. C'est pour ça que nous faisons des régimes, mais reprenons encore plus de poids que nous en avions perdu ; que nous commençons le sport au premier janvier mais arrêtons le quinze, etc. On est tous pareils.

Ce que nous oublions à chaque fois que nous achetons la formule magique du bonheur, c'est qu'il n'existe pas de bonheur sans malheur. Comme il n'existe pas de plaisir sans déplaisir, de joie sans douleur, il n'y a pas de sentiment positif sans sentiment négatif. Ce sont les deux faces d'une même pièce.

Nous ignorons aussi que, plus nous courons après le bonheur, plus il s'éloigne, tel un mirage dans le désert. C'est une idée formulée par l'auteur américain Alan Watts dans son livre *The backwards law* : courir après le bonheur ne fait que nous rappeler que, pour le moment, nous ne l'avons pas ! C'est aussi simple que cela. Le bonheur ne se décrète pas, il se rencontre au gré de la vie (une idée de l'auteur américain Daniel Gilbert, dans son livre *Stumbling on happiness*).

Cette religion du bonheur et le développement personnel ont surtout développé des exigences bien trop grandes pour nos épaules. A force de nous dire que nous sommes exceptionnels et que « nous le valons bien », on a non seulement renforcé nos différences (on a tous la sensation d'être incompris, de par un potentiel extraordinaire, ce qui nous isole encore plus, tout en nous donnant de bonnes raisons de le faire), mais on a entretenu une insatisfaction permanente. Une sensation de ne jamais être à la hauteur.

Le développement personnel, c'est le culte de l'exceptionnel, de l'extraordinaire. Et donc, la dévalorisation de la vie ordinaire et des choses simples. Et ce, même quand il nous raconte que nous trouverons le bonheur en sniffant des pissenlits : sous de faux airs de « choses simples », on nous vend une formule magique. La promesse du changement instantané et éternel.

Aussi, le développement personnel nous convainc que nous devons toujours aller mieux, quand bien même nous n'allons pas mal. En fait, il a besoin que nous allions mal, pour pouvoir nous vendre la recette pour aller mieux. C'est tout le poison du truc.

Et puis, il est fait du même bois que les problèmes qu'il essaie de résoudre : il est une démarche très individualiste. Comme je le disais, en nous faisant croire que nous sommes tous de petits êtres exceptionnels incompris qui n'avons besoin de personne, il renforce notre sentiment d'isolement. Il nous emprisonne dans une quête centrée sur nous-mêmes, une quête floue qui ne finit jamais.

Mais moi aussi, j'y ai cru. Très fort. Et si j'y ai cru, c'est parce que, comme vous, comme l'être humain de tout temps, je cherche le bonheur. La paix d'esprit. La fin des problèmes, de la souffrance, de la douleur. Et si en plus, on m'y encourage…

4. Le résultat, pas les efforts, svp

Après mes études de communication, je suis parti un an aux Etats-Unis pour faire une formation d'ingénieur du son. Ca faisait des années que je composais des musiques pour des Youtubers et j'avais envie de maitriser la partie technique pure du métier. Ca me permettrait de pouvoir être totalement autonome et de pouvoir composer, mixer et finaliser mes sons moi-même.

De retour en Belgique, je me mis à travailler dans la restauration, en parallèle de quoi je composai des musiques pour des Youtubers et des entreprises.

Deux ans plus tard, je plaquais mon boulot alimentaire en restauration pour m'installer comme compositeur indépendant.

Autant dire que je me suis viandé comme jamais, mais pas pour les raisons que j'imaginais, ni pour celles qu'on m'avait données.

Mes parents, eux-mêmes travailleurs indépendants, m'avaient souvent mis en garde contre le fantasme de l'indépendant. Mon père m'avait répété que, certes, je n'aurais plus de patron, mais que mes clients seraient, d'une certaine manière, mon nouveau patron. Je serais moins infantilisé, mais j'aurais de nouveaux problèmes (tiens tiens) : devoir trouver des clients, les garder, les satisfaire… La vache, je croyais que j'allais être libre !

Ben non. C'est là que je repensai à la fameuse phrase du même paternel : « Quand tu dépasses un camion sur l'autoroute, y en a toujours un devant ». Mince. Ca percutait.

Donc, des clients, j'en avais peu. J'avais non seulement fantasmé sur le fait de quitter mon boulot pour devenir « libre » mais, en plus, je découvrais que la carrière dont j'avais toujours rêvé, ne me plaisait pas spécialement. Je n'avais pas envie de composer sur commande. Je n'avais pas envie de composer pour des marques de yaourt. Ni à la chaine pour des Youtubers, d'ailleurs. Mon rêve d'enfance, c'était de composer pour des jeux vidéo. Et voilà que j'avais complètement déformé et distordu ce rêve pour, soyons honnête, ne plus devoir travailler comme employé.

Je me suis alors rendu compte que j'étais de nouveau dans l'attente. L'attente que les clients viennent à moi. L'attente qu'on reconnaisse enfin « mon talent » et qu'on vienne me chercher pour composer pour des films. Aurais-je même eu envie de composer pour des films ? Franchement, aujourd'hui, je n'en sais plus rien. Ce que j'aimais, c'était faire de la musique pour la détente, tranquillement. Et être reconnu pour. C'est là que j'ai compris que je voulais le résultat, sans les efforts. Et c'est là que j'ai compris que devenir compositeur professionnel avait peut-être été une forme de fuite, un fantasme qui me permettait de me construire une identité, d'avoir l'impression de savoir qui j'étais et de renvoyer cette image au monde. Mais, encore une fois, si je ne l'avais pas fait, je ne pourrais pas en tirer les leçons.

Dans la même idée, on me demande souvent aujourd'hui : « Mais comment fais-tu pour te mettre à écrire, à faire ces vidéos Youtube ? Moi, en écrire une me demande tant d'efforts, tant de peine ! ». En réalité, je ne me pose pas la question. J'écris, parce que j'en ai besoin et envie. Ce que je réponds quand on me demande ça, c'est que si c'est d'une telle difficulté pour quelqu'un d'écrire et de faire des vidéos, c'est peut-être un signe que ce n'est pas son truc et qu'au fond, il cherche, comme moi avec la musique, une identité. Mais qu'il a sans doute autre chose à découvrir, qui sera bien plus facile et agréable pour lui.

En réalité, nous sommes les plus mauvais juges de nous-mêmes. Mais cela vient du fait que cette identité, ce cadre, cette définition de nous-mêmes que nous nous sommes construite, a commencé très tôt et est ancrée en nous avec une force…

Et changer cette identité, c'est tout remettre en question : nous, le monde, notre rapport au monde, comment les autres nous perçoivent, … Mais c'est, là aussi, une clef indispensable pour ne plus être prisonnier de nous-mêmes.

5. Pourquoi nous ne changeons pas (alors que nous en avons les moyens)

Nous sommes souvent malheureux à cause du récit que nous nous racontons sur nous-mêmes et notre vie. La difficulté étant que les bases de ce récit ont été gravées en nous très jeunes. En effet, notre personnalité est forgée très tôt, c'est un constat fait par les pionniers de la psychanalyse, parmi lesquels Sigmund Freud et Carl Jung.

Nos traits de caractère sont ainsi dessinés et figés par les expériences de notre petite enfance. Et bien souvent, autour des blessures que nous gardons de ce jeune âge, nous nous construisons une identité. Elle nous rassure. Elle est l'image qu'on renvoie au monde, pour qu'il comprenne qui nous sommes.

On n'est « pas du matin », « pas créatif », on est « introverti », « fainéant », « perfectionniste », …

On se raconte tous des histoires pour savoir qui on est, car on a besoin de concret. La psychologie humaine est comme ça. On ne supporte pas l'abstraction. On a besoin de se fixer sur quelque chose (d'où notre attrait pour les tests de personnalité, dans les magazines « psycho » par exemple). Le problème étant que nous sommes les pires connaisseurs de nous-mêmes et que nous nous enfermons donc dans des cases qui nous réduisent à ce que nous croyons être, alors que la réalité est beaucoup plus nuancée, complexe et souple que ça.

Notre identité nous rassure, mais nous limite. Nous y trouvons des excuses pour ne pas faire ce que nous devrions faire (devrions, dans le sens où ce serait bon pour nous).

Pendant des années, pour éviter de côtoyer du monde, je me suis raconté que j'étais un introverti et un solitaire. Ca réglait le problème de devoir me bouger pour sortir rencontrer du monde ! Et ça réglait aussi le problème de devoir prendre soin de moi, puisque je n'avais pas à côtoyer de gens. Et moins je côtoyais de monde, moins j'en avais envie, et plus les gens me voyaient comme un solitaire. Cela renforçait le récit que je me racontais : j'étais bel et bien un introverti, solitaire, qui n'a besoin de personne. CQFD, la boucle était bouclée. C'était confortable. Mais j'étais malheureux.

On ne change pas, car changer, c'est remettre en cause tout ce que nous pensons être et la façon dont les gens nous connaissent. Changer, c'est mettre en péril tout ce système de croyances et ça nous terrifie. Mais nous avons tout à gagner à remettre en question nos certitudes, sur nous-mêmes et le monde. C'est à ce moment que l'on recommence à apprendre. C'est difficile, c'est un effort intellectuel, que d'embrasser le doute, mais il en vaut la peine (comme beaucoup de choses qui demandent un effort, d'ailleurs).

Comment changer

Changer implique d'abord de se connaitre. Socrate disait « Connais-toi toi-même ».

Commencer par prendre conscience des histoires qu'on se raconte, d'où elles viennent et pourquoi elles persistent. Il y a différentes manières de faire, de l'écriture quotidienne dans un journal à la psychothérapie, mais je crois qu'il faut d'abord vouloir être honnête avec soi-même.

Mais changer implique ensuite de faire des expériences qui vont modifier nos certitudes. Ce n'est que comme ça que l'on peut « conjurer le sort », modifier notre perception de quelque chose et, vraiment, changer.

L'an passé, en 2022, après un genre de burnout salutaire (je vous la fais courte, mais je m'étais séparé de ma compagne de 8 ans, j'avais arrêté mon activité de compositeur et je travaillais dans une boulangerie tout en passant un concours pour entrer à la police, avant d'apprendre que je n'avais pas été retenu — j'ai connu mieux, disons), je décidais de partir sur les routes pour visiter l'Europe et notamment l'Autriche. De retour en Belgique après deux semaines de voyage, j'étais tombé amoureux de la capitale autrichienne, Vienne, où j'allais revenir passer un mois. Durant ce mois, je fis des rencontres qui me prouvèrent à quel point je m'étais enfermé dans l'identité de « l'introverti solitaire ». Tous les gens que je rencontrai me firent des compliments sur ma capacité à socialiser, à essayer de nouvelles choses, etc.

Cette expérience changea complètement l'idée que j'avais de moi-même. C'est ce qu'on appelle communément « sortir de sa zone de confort ». Et de la dépression, accessoirement.

Ca m'a marqué et ça m'a réellement changé. Ou du moins, la vision que j'avais de moi-même et qui me maintenait dans une petite prison que je m'étais plus ou moins construite tout seul.

Et maintenant, quoi ?

Faisons le point.

Dans la première partie, j'ai essayé de mettre en lumière les causes environnementales les plus évidentes de notre désespoir (les mensonges que sont le bonheur et la liberté à travers la consommation, le matraquage de la fin du monde imminente, l'idée que la religion est dépassée et que nous n'avons plus besoin de spiritualité) et de montrer pourquoi elles nous rendaient malheureux (à travers l'image de Narcisse, notamment). Une fois ces causes identifiées, je me suis penché sur notre psychologie et sur pourquoi elle contribue tout autant, si pas plus encore, à notre insatisfaction permanente (la difficulté de gérer la liberté, notre propension à blâmer les autres, l'idée qu'il existe une formule magique du bonheur, le fait que nous rêvons d'un résultat, sans en fournir les efforts pour, souvent parce que nous ne savons même pas ce que nous voulons, et enfin, notre difficulté à changer).

Cela décrypté, les bagages déposés, il est maintenant temps de semer les graines de ce que je crois être la vraie liberté, telle que je l'ai comprise après m'être mille fois cassé les dents. La liberté telle qu'elle a été conceptualisée à travers les âges, depuis les philosophes grecs anciens jusqu'à aujourd'hui.

Partie III

La vraie liberté

« La liberté, ce n’est pas l’absence d’engagement, mais la capacité de choisir. »

Paulo Coelho

J'entends souvent des collègues ou des connaissances me parler de liberté, comme d'une notion abstraite. Ils veulent être « libres ». Et moi aussi, d'ailleurs. Mais libres de quoi ? Car la liberté est toujours relative à quelque chose. On se libère de quelque chose, pour pouvoir faire autre chose. La liberté abstraite, totale, absolue, c'est le vide. Elle n'existe pas. Ou alors si, elle existe, mais c'est la pire des prisons : elle nous angoisse, nous paralyse, nous castre. Sans contrainte et sans direction, nous ne sommes pas libres, mais prisonniers, soumis à tous les vents et toutes les marées.

Je crois que la vraie liberté se trouve dans l'engagement et la prise de responsabilité. Etre responsable, c'est assumer ce que nous faisons. C'est arrêter de se laisser porter par le sort, diriger par les autres, tout en les blâmant. C'est arriver à choisir quelque chose consciemment, sans regretter ce sur quoi nous faisons une croix. C'est s'émanciper des chaines mentales du « et si », du « si seulement ». C'est sortir du locus externe de contrôle, qui consiste à trouver des excuses à nos échecs, chez nos parents et dans notre environnement, et comprendre que le seul moyen d'avancer vers la vraie liberté est de nous responsabiliser.

En d'autres termes, être libre, c'est savoir pourquoi nous faisons ce que nous faisons, l'avoir décidé tout en sachant que nous aurions pu faire autre chose à la place, mais que nous avons choisi de ne pas le faire.

Etre libre, c'est choisir, c'est renoncer et c'est assumer. Cette forme de liberté est constructive dans une société, car elle responsabilise les individus, qui peuvent développer une complémentarité basée sur la confiance et la fiabilité des uns et des autres.

Rousseau ouvrait son ouvrage fondateur *Du contrat social* par la citation suivante : « L'homme est né libre et partout il est dans les fers ». Pour remettre ce passage dans son contexte, je dois préciser qu'il faisait référence au fait qu'aucun régime politique ne garantissait alors la liberté. Mais je trouve que cette citation s'applique bien à notre difficulté à gérer la liberté en général puisque, comme on l'a vu, dès lors qu'on en obtient, on a tendance à se remettre des chaines aux pieds, soit par l'extérieur (un patron, les médias, une idéologie politique), soit par l'intérieur (on se construit une identité et des croyances arbitraires sur nous-mêmes).

Si Rousseau disait que nous naissions libres mais étions partout dans les fers, Nietzsche disait : « La liberté c'est de savoir danser avec ses chaines ». En insistant sur le fait que nous sommes toujours limités (en ne faisant aucun choix et en étant une victime, ou en faisant des choix et en les assumant), Nietzsche sous-entendait qu'en le reconnaissant, nous pourrions nous responsabiliser et trouver une vraie liberté. C'est une idée salvatrice.

Comme je le disais, maintenant que le terrain est déblayé, il est temps d'y semer les graines de ce que je crois être la véritable liberté. Et pour m'y aider, je vais faire appel aux philosophes qui m'ont le plus marqué.

« Philosophie », en grec ancien, signifie « l'amour de la sagesse » (de *philein* : « aimer » ; et de *sophia* : « sagesse » ou « savoir »).

L'histoire de la philosophie est traversée par des idées récurrentes.

Depuis les philosophes grecs anciens (et même chez les Egyptiens, avant) jusqu'à aujourd'hui, en passant par les grandes religions monothéistes, mais aussi de l'Orient à l'Occident, il est frappant de voir à quel point les mêmes idées reviennent, constamment.

C'est grâce à la philosophie que j'ai appris à me détacher de l'idéologie, pour commencer à penser, à changer, à devenir plus libre.

Comme je l'évoquais dans le premier chapitre, dans toutes les philosophies que je connais, la liberté est vue comme la capacité de contrôler nos désirs et nos pulsions, pas d'y céder. Se laisser aller à la satisfaction de tous nos désirs, ne pas nous contrôler et y succomber, c'est nous y enchainer. Pour être libres, nous devons au contraire être capables de renoncer à certaines choses, pour mieux avancer.

Voici donc dix idées, dix graines que j'aimerais vous inviter à planter dans votre quête de liberté (et donc de responsabilité), et dont je suis confiant qu'elles pourront vous aider, comme elles l'ont fait pour moi. J'illustrerai chaque idée par une citation emblématique, puis je développerai.

Pourquoi 10, au fait ? Ben… faut le dire vite, mais… c'est un peu mon hommage au patron.

1. La certitude, ou la mort de la pensée

« Tout ce que je sais, c'est que je ne sais rien. »

Socrate

Le philosophe Alain disait : « Croire est agréable. C'est une ivresse dont il faut se priver. Ou alors dites adieu à liberté, à justice, à paix ».

Nos certitudes nous rassurent, nous permettent de ne pas changer. Elles nous disent qui sont les gentils et qui sont les méchants. Elles sont confortables intellectuellement, car elles nous donnent une grille de lecture du monde simpliste, qui donne l'impression d'avoir tout compris.

Comme me le rappelait récemment mon ami Idriss, douter permet d'avoir peu de certitudes, mais avec une fondation solide, en gardant l'ouverture d'esprit nécessaire pour les remettre en cause si on nous présente des éléments convaincants qui modifient les perspectives.

Douter, c'est commencer à penser. Etre sûr de tout, c'est démissionner.

2. La pratique influence la pensée

« Les seules pensées valables viennent en marchant. »

Nietzsche

Nietzsche soulignait par là à quel point une pratique ou un contexte peuvent influer sur nos idées. Ici, la marche, libérant l'esprit ; la posture assise le contraignant.

Mais quand je parle de pratique, j'entends « ce que nous faisons de manière répétée ». Nos habitudes, qui finissent par déterminer notre façon de penser. Pour reprendre l'exemple du mouvement : son absence encourage la stérilité des idées, qui, à son tour, décourage le mouvement. Un cercle vicieux qui finit par nous convaincre que « bouger ne fait pas partie de notre identité ».

Combien de fois suis-je resté au lit en me convainquant que « de toute façon, je suis un solitaire, autosuffisant et puis, au fond, je n'ai rien à apprendre des autres » ? Combien de fois ai-je trouvé des excuses pour ne pas bouger, végétant dans une inertie qui nourrissait alors mes idées noires ? Je suis incapable de les compter, tant il y en eut.

Prêter attention à nos automatismes de pratique et de pensée nous permet de ne pas nous enfermer dans des schémas stériles et limitants.

3. La souffrance est inévitable

« Le chemin qui mène à notre propre ciel passe toujours par la volupté de notre propre enfer. »

Nietzsche

Est-ce un jour terminé ? Peut-on un jour souffler ?

L'idée que nous devrions à tout prix éviter la souffrance est très répandue aujourd'hui et nous éloigne du bonheur, plus qu'elle ne nous en rapproche (comme je le disais plus tôt : courir après le bonheur ne fait que nous rappeler que, pour le moment, nous ne l'avons pas).

Pour Nietzsche, la souffrance était le souffle de la vie. Sans souffrance, pas de joie. Comme il n'y a pas de vacances sans travail, il n'y a pas de plaisir sans douleur.

Il finira par en formuler son « Amor Fati », qui signifie « Embrasse ton destin ». Embrasse et aime ce qui se dresse devant toi. Affronte-le, dompte-le, souffre, grandis et deviens qui tu es.

La vie est ainsi faite que, dans tous les cas, nous souffrirons, soit d'agir, soit de subir. Si nous voulons être libres, nous choisirons de souffrir d'agir.

En décidant de nous responsabiliser pour prendre les rênes de notre vie en main, nous ferons face à des difficultés telles que la critique et l'incertitude, mais nous saurons pourquoi nous le faisons. Nous souffrirons pour de bonnes raisons et cette souffrance prendra tout son sens.

En décidant en revanche d'abandonner, de nous laisser porter, de nous laisser aller à la facilité, nous éviterons la critique et l'incertitude, mais souffririons de subir notre vie, d'avancer comme un automate, une victime du sort, qui sont souvent les ingrédients de l'aigreur et du ressentiment.

Choisissez votre souffrance.

4. L'oisiveté, notre pire ennemie

« L'homme s'occupe à chercher son bonheur, alors que son plus grand bonheur est d'être occupé. »

Alain

Je suis le premier à penser que nous sommes allés trop loin dans l'hyper stimulation et, de la même manière, dans la dévalorisation du calme, du silence, du répit et du « ne rien faire ».

Mais il y a une différence entre le temps mort et l'oisiveté. L'oisiveté, c'est l'état permanent d'inactivité, de passivité. D'elles, naissent tous les vices, comme l'adage nous l'a appris.

J'ai assez critiqué le monde du travail (dans mes vidéos — et dans ma tête) pour pouvoir en écrire un peu de bien.

Voltaire disait : « Le travail éloigne de nous trois grands maux : l'ennui, le vice et le besoin ».

L'oisiveté est la mère de tous les vices, mais l'excès de travail est le père de toutes les soumissions, dit-on. Cela me semble un bon résumé.

L'idée de fond étant que nous avons besoin d'être occupés, sans quoi notre cerveau nous emmène dans les méandres de l'angoisse et et autres joyeusetés.

A chacun de trouver la bonne manière d'être occupé.

5. Trouver ce qu'on aime

« L'homme qui ne fait rien n'aime rien. »

Alain

Ce n'est qu'en faisant qu'on découvre. Le développement personnel nous a trop vendu que notre passion devait se découvrir comme un secret caché. Toujours cette même logique qui nous maintient dans l'attente d'une révélation. A défaut de Dieu, c'est aujourd'hui un coach, un livre ou un voyage qui devrait nous donner le secret.

Ce n'est qu'en essayant des choses que l'on découvre ses facilités et ses sensibilités. Pas en attendant passivement.

Souvent, nous pouvons trouver des pistes dans notre enfance. C'est en effet quand nous sommes très jeunes que nous faisons les choses le plus spontanément. On dit souvent que la vérité sort de la bouche des enfants, parce qu'ils n'ont pas encore appris à réprimer tous leurs sentiments et à filtrer tout ce qu'ils disent. Eh bien, c'est la même chose pour ce que nous aimons profondément : en nous remémorant ce que nous faisions tout petits avec facilité, plaisir et assiduité, nous pouvons souvent trouver des indices de ce dans quoi nous sommes vraiment bons et ce que nous aimons vraiment faire.

Et, si c'est tellement important d'identifier ces choses, c'est parce qu'au fond, nous ne faisons bien que ce que nous aimons vraiment. Nombre de gens sont frustrés par leur métier et leur quotidien, parce qu'ils sont dans une voie qui ne leur convient pas. Et je ne parle pas de tout lâcher pour se lancer dans une passion artistique du jour au lendemain.

Je parle du comptable qui exerce ce métier parce qu'on l'a matraqué depuis toujours et qui se sent emprisonné dans un emploi qu'il déteste et dont il n'ose changer, de peur de perdre une forme de prestige social, alors qu'il sait depuis longtemps qu'il est doué de ses mains, et aime travailler le bois. Le drame étant qu'il ne sera jamais un bon comptable, mais qu'il aurait pu faire un ébéniste hors pair, heureux, respecté et accompli.

Mais pour le savoir, le comptable aura d'abord dû s'essayer au travail du bois, sans quoi il n'y aura peut-être jamais songé.

Essayez plein de choses et vous trouverez votre aventure, votre passion, ce qui fait de vous qui vous êtes, ce qui vous rend fiers et accomplis.

6. Décider de gravir la pente

« Le pessimisme est affaire d'humeur, l'optimisme est affaire de volonté. Tout homme qui se laisse aller est triste. »

Alain

S'il nous est si difficile d'aller bien aujourd'hui, c'est notamment parce que la religion du bonheur nous fait croire qu'être heureux, c'est exploser de joie en permanence, tels les acteurs des publicités qui inondent nos écrans. Mais ça, ce n'est pas le bonheur, c'est l'étalage vulgaire du plaisir et d'émotions primaires. C'est le comportement de quelqu'un de dérangé mentalement (imaginez quelqu'un qui se comporterait dans la vraie vie comme les gens dans les publicités…). Et, puisque nous sommes majoritairement normaux, nous ne pouvons nous identifier à cette mise en scène du bonheur et donc, nous pensons que nous ne sommes pas heureux. C'est absurde.

Quand Alain nous dit que l'optimisme est de volonté, il ne parle pas de se réjouir alors que nous venons de perdre un proche, d'exploser de joie lorsque nous faisons nos courses au supermarché ou de mimer l'exaltation permanente à coups de « amazing ! ». Non. Il nous dit que nous devrions prendre garde à ne pas nous laisser pourrir la vie par de petites aigreurs et de petits ennuis qui, en fait, ne représentent pas grand chose. Il nous dit qu'un sourire à un étranger fera toujours plus de bien que de l'ignorer. Que la négativité et le pessimisme se propagent comme la peste et que nous devrions, pour nous-mêmes et les autres, faire l'effort de nous en éloigner, car nous n'avons rien à y gagner.

Il est toujours plus facile de descendre la pente que de la gravir. Cette seule raison suffit à justifier l'effort de vouloir aller bien, tout en acceptant que la vie est faite de hauts et de bas, ces derniers sans lesquels les premiers n'existeraient pas.

Décider de ne pas nous laisser aller, ce n'est pas nier les difficultés et les moments de tristesse ou de malheur. C'est au contraire les reconnaitre et les accepter, pour mieux les surmonter.

7. Laisser tomber ce qui ne dépend pas de nous

« Qu'on me donne la force de supporter ce qui ne peut être changé, le courage de changer ce qui peut l'être, et la sagesse de distinguer l'un de l'autre. »

Marc Aurèle

Ou comme l'a dit un sage sur internet : « Qu'on me donne du café pour changer ce qui peut être changé, et du vin pour supporter ce qui ne peut pas être changé ».

Cette idée de lâcher prise sur ce qu'on ne peut contrôler est centrale dans le stoïcisme, ce courant philosophique dont Marc Aurèle est l'une des figures de proue.

Dans son ouvrage *Pensées pour moi-même*, il compilait des leçons, des remarques, des choses essentielles à se rappeler chaque jour, pour ne pas craquer.

On pense parfois que ce genre d'idées est simpliste, un peu naïf… mais on oublie le contexte dans lequel elles sont nées : des temps de guerre et de crise majeure. Difficile donc, de ne pas écouter un empereur romain de cette envergure.

Le concept a traversé le temps et, presque 2000 ans plus tard, Mark Manson, blogger américain, fera fureur avec la même idée, exprimée d'une manière plus actuelle, dans *L'art subtil de s'en foutre*.

Dans son livre, l'auteur nous encourage à identifier ce qui compte vraiment pour nous, ce sur quoi nous avons une capacité d'influence, et à nous délester du reste, afin de faire de la place dans nos têtes et dans nos vies. Nous soucier du sort des gens à l'autre bout de la planète parait très vertueux moralement mais, en plus de ne rien pouvoir y changer, bien souvent, cela nous fait oublier que nous avons, tout près de nous, des gens et des choses sur lesquels nous avons une capacité d'action et qui ont bien besoin de nous. Ce qui ne dépend pas de nous... ne dépend pas de nous. Autant s'y faire.

8. L'instant présent

« Si vous êtes dépressif, vous vivez dans le passé. Si vous êtes anxieux, vous vivez dans le futur. Si vous êtes en paix, vous vivez au présent. »

Lao Tseu

Je sais, c'est banal. Tellement banal qu'on n'essaie pas assez de comprendre ce que ça signifie.

Bien sûr, c'est un idéal à atteindre. Moi-même, j'ai bien des difficultés à le faire. Par contre, à force d'avoir vécu une vie de passivité, à regretter le passé et à me projeter avec anxiété dans le futur, j'ai fini par percuter : comme me l'avaient enseigné Marc (Aurèle) et Mark (Manson), à force de me concentrer sur des choses hors de ma portée, je ne faisais que m'épuiser et stagner.

« Mais Yannick, tu nous disais au début du livre que l'instant présent était une fuite. Et là, tu nous expliques qu'il est important de vivre dans le présent. Tu perds la tête ? »

Vous avez raison de demander, ça me permet de clarifier.

Si Christopher Lasch critiquait la glorification de l'instant présent (le fameux « Carpe Diem »), comme un signe de décadence de notre époque, c'est parce qu'il y voyait une négation du passé et de l'avenir. Une attitude défaitiste, égoïste, de jouisseur solitaire qui ne croit plus en rien, n'espère plus rien et voit son monde se réduire à la satisfaction de ses besoins présents. Je le rejoins tout à fait là-dessus.

Mais, s'il est effectivement malsain de ne vivre que de plaisirs instantanés en oubliant d'où nous venons et en niant notre avenir, il est tout aussi néfaste de vivre dans le passé ou dans l'avenir.

De la même manière que se focaliser sur des choses qui ne dépendent pas de notre contrôle nous fait souffrir sans rien pouvoir y changer, vivre ailleurs que dans le présent nous déprime (le passé que l'on ressasse), nous épuise (l'avenir que nous imaginons avec angoisse) et nous empêche d'avancer.

9. La tribu

« L'homme est un animal social. »

Aristote

On a tous grandi avec la culture populaire et les héros solitaires : John Wayne, James Bond, Batman, ... Moi-même, j'ai cru que je pouvais prendre exemple sur ces derniers, puisqu'ils étaient, comme moi, « seuls contre tous ». Comme souvent, dans la fiction, cette vision romantique est agréable, enivrante. Elle nous divertit et nous réconforte.

Mais, au bout d'un moment, on se rend aussi compte qu'on est bien seul, en leur compagnie. Le héros solitaire est un symptôme et un produit de l'époque actuelle. Pas un modèle à suivre, à mon avis.

Je rencontre moi-même bien des difficultés à m'entourer et à ne pas m'isoler. Mais, avec le temps, je me suis rendu compte à quel point je m'étais laissé séduire par l'idéal du solitaire… et à quel point je m'étais renfermé.

Que ce soit par la famille ou la communauté élargie, je crois que l'appartenance à un groupe nous protège de la solitude subie et de la vulnérabilité (à l'endoctrinement, notamment). Elle nous éloigne aussi de la sur-analyse de soi, qui est toujours pénible et stérile, puisqu'infinie. En effet, s'il est sain de s'octroyer du temps pour se retrouver avec soi-même, ce temps doit être limité car, sinon, nous risquons bien vite de tomber dans l'obsession de nous-mêmes et tout ce qui va avec (hypochondrie, déprime et autres angoisses existentielles).

Je pense profondément que nous devrions nous éloigner de l'idéal romantique du solitaire qui, loin du sain besoin de solitude épisodique, nous conforte dans l'idée que le monde nous en veut et que nous n'avons rien à y gagner.

Traditionnellement ou, disons, de manière constante à travers les âges, la communauté a toujours existé et je n'ai, vraiment, trouvé aucun intérêt valable à nous en passer.

10. La vie est un chemin

« Il faut toute la vie pour apprendre à vivre. »

Sénèque

Mon ami et aventurier Abdel Maximus, imam au Qatar dans une autre vie, puis tour à tour vendeur de chaussures en Floride, entraineur de tennis, manutentionnaire, assistant commercial chez Total et aujourd'hui docteur et enseignant en histoire, m'expliquait qu'en islam, on considère que la sagesse arrive vers 40 ans.

Mon grand-père disait qu'à 45 ans, on était dans « la force de l'âge ».

Grand impatient, j'ai moi-même voulu que tout se dessine, que tout s'éclaire très tôt.

Franchement, je crois qu'on peut difficilement faire autrement. Avec la jeunesse vient la fougue et l'impatience. Par contre, à force de se rendre compte que ceux qu'on admire le plus n'avaient, eux non plus, pas compris quoi faire avant un certain âge, on peut souffler un coup. Relativiser. Prendre du recul. Et accepter que « tout vient à point (à qui sait attendre) », comme disait l'autre.

Comme Sisyphe, qui fait rouler son caillou en haut de la montagne, le voit toujours retomber et finit par comprendre que le plaisir est dans l'effort menant vers le sommet et pas dans son atteinte, on peut comprendre et accepter que la vie est un chemin et que, comme on l'entend souvent sans jamais vraiment l'assimiler, « C'est le chemin, qui compte, pas la destination ».

Conclusion
Le secret de la vie

J'aurai commencé ce livre par un constat dur, sombre : le portrait d'une génération désespérée. J'aurais pu m'arrêter là, puisque ce fut finalement mon état d'esprit pendant la majorité de mon existence : insatisfait, attentiste.

Le temps m'a appris que cette posture était celle d'un assisté, d'un enfant, au fond, et que je courais le risque de subir éternellement la vie et ses aléas comme une feuille morte trimballée par le vent.

Si j'ai écrit ce petit livre, c'est pour tenter de vous accompagner dans un cheminement qui m'a permis de grandir et de me sentir, aujourd'hui, plus libre.

J'aurai essayé de vous montrer que ce qu'on traverse est, certes, pénible, mais loin d'être exceptionnel à la lumière de l'Histoire. Le monde est le monde, les Hommes sont les Hommes et, si on a souvent l'impression que ça chauffe de plus en plus, au fond, il n'y a rien de vraiment neuf sous le soleil…

J'espère aussi vous avoir convaincus que, la plupart du temps, ce n'est pas le monde qui nous rend malheureux, mais l'interprétation qu'on en fait.

Et puis, j'espère avoir créé chez vous l'envie d'aller plus loin, de lire ces auteurs, ces géants sur les épaules desquels nous sommes juchés et qui ont tellement à nous apprendre.

Se cultiver, apprendre à devenir critique, à structurer nos idées est une clef pour naviguer le monde sereinement et se faire respecter — je crois.

Enfin, j'espère vous avoir donné à penser qu'il n'y a pas de secret, pas de formule magique, pas de situation parfaite, pas de vie sans soucis, pas de sommet final, rien de tout ça.

Mais, encore une fois, les géants du passé l'ont si bien dit, que je ne peux qu'en citer un de plus, un dernier :

« La vie est un mystère qu'il faut vivre, et non un problème à résoudre. »

Mahatma Gandhi

Envie de prolonger ?

Youtube : www.youtube.com/@fautledirevite

Instagram : www.instagram.com/fautledirevite

Si ce livre vous a plu, vous pouvez aussi me le faire savoir en laissant un avis sur le site d'achat : ça permettra de le faire découvrir à d'autres !

Merci de m'avoir lu et à bientôt !

Crédits

Dessin de la couverture :

Bintang Suhadiyono

(www.instagram.com/heybinsu)

Mise en page de la couverture :

Kevyn Machado

Mes livres de chevet

La culture du narcissisme (Christopher Lasch)

Discours de la servitude volontaire (La Boétie)

Propos sur le bonheur (Alain)

La société de consommation (Jean Baudrillard)

La peur de la liberté (Erich Fromm)

Lettre à Ménécée (Epicure)

Généalogie de la morale (Nietzsche)

Printed in France by Amazon
Brétigny-sur-Orge, FR

13930174R30087